C2-

Essay
eine Literatur-Reihe
herausgegeben von Walter Grond

Brigitte Kronauer

Literatur und schöns Blümelein

Literaturverlag Droschl

Vorbemerkung

Die ersten sechs Texte der Sammlung mit dem Titel "Literatur und..." sind zunächst als Kolumnenbeiträge in der Zeitschrift "konkret" von Juli 1990 bis Mai 91 erschienen. Pro Nummer habe ich mich dort mit einem schon länger von mir verfolgten Thema beschäftigt. Andererseits war der Manuskriptumfang strikt vorgeschrieben. Den Zwang zum Komprimieren bemerkt man zweifellos. Auf eine ursprünglich geplante spätere Erweiterung und 'Entspannung' der Texte habe ich zugunsten des Originalabdrucks verzichtet, weil sich herausstellte, daß die unerläßlich starke Konzentration samt ihren Nachteilen fast ein Stilprinzip geworden war. Durch sporadische Ausführungen und Ausbeulungen wäre zu den notwendigen Kompromissen nur noch ein unnötiger hinzugekommen.

Auf diese Umstände ist teilweise auch der traktathafte Ton (Sechs Gebote: Erstens, Zweitens...) zurückzuführen. Um ein platzraubendes Abwägen der Standpunkte zu vermeiden, habe ich durch die ostentative Gestik einer kleinen Gardinenpredigt versucht, die gelegentlich angebrachte Relativierung per Medium/Manier mitzuliefern.

Zum anderen hat es mich gereizt, ausgerechnet in einem vorwiegend politischen Magazin auf der Eigenständigkeit von Literatur als poetischer Disziplin zu beharren. In einer schöngeistigen Umgebung hätte ich vermutlich etwas anders argumentiert, wenn auch keinesfalls im Kern der Sache.

Hingegen sind die Kolumnentexte weder als Programm zu werten, für das meine schriftstellerische Arbeit den Beleg zu liefern hätte, noch will der Text über Eckhard Henscheid diesen als Beispiel und Beweis anführen.

Das erste und das dritte Kapitel des Aufsatzes "Henscheids Poesien" bestanden schon als veröffentlichte Einzeltexte und sind nahezu unverändert in ihn eingegangen.

ERSTENS
Literatur und Umständlichkeit

Die halb verlegen, halb aggressiv vorgebrachte Äußerung, sich Literatur im engen und strengen Sinne nicht mehr leisten zu können, beruht ja eventuell auf einem richtig funktionierenden Instinkt. Abgesehen davon, daß journalistische Information und Analyse samt erwarteter Bewegungstendenz wesentlich schneller und schlagender woanders geliefert, wissenschaftliche Forschungsberichte nicht nur konzentrierter, nackter, sondern auch sprachlich aufregender, nämlich im Vokabular genuiner, in den entsprechenden Publikationsorganen vorgestellt werden, und, will man sich zur Entspannung oder aus mangelndem Spezialistentum Erkenntnisgewinn in weniger ökonomischer Form verschaffen, Profi-Unterhaltungskünstler zur Verfügung stehen, die den Boden auf beiden Hochzeiten unter den Füßen haben, abgesehen also davon, daß die oben erwähnte Literatur als im Vergleich unergiebigeres, zumindest weitschweifigeres Medium den kürzeren zieht, besteht für das, was sie auszeichnet, erst recht nicht so ohne weiteres Bedarf.

Der Ansatz der hier ins Auge gefaßten Literatur, zu unterscheiden auch vom besonders in Mode gekommenen philosophisch-poetischen Essay, der sich ihrer ohne Kosten punktuell bedient, ist ein grundsätzlich anderer, ein zunächst elitärer, eine Zumutung. Ein Anachronismus?

Ob die gemeinte Literatur sich mit Zeitgeschehen, Vergangenheit, Personen, Herzensangelegenheiten, Natur, Dingen beschäftigt, entscheidend ist immer, daß sie die Gegenstände der Welt betastend – ihr konventioneller Aspekt –, diese aus geltenden Übereinkünften, aus der generellen Ideologie üblicher Verknüpfungen zu lösen sucht: ihr subversiver Impetus. Das kann spektakulär, sanftmütig, direkt oder hintenherum geschehen, kann geraten oder danebengehen. Es ist immer ein mühsames, standeskrämerisches Unternehmen, vor allem deshalb, weil es sich nicht in erster Linie um einen inhaltlichen, sondern um einen omnipräsenten Formgegner handelt. Dabei ist diese Attacke – und natürlich geht ein Produzent so verstandener Literatur davon aus, daß ein Angriff auf ästhetischer Ebene langfristig auch der massivste auf der inhaltlichen ist – nur die notwendige Folge einer Unzufriedenheit, bescheiden gesagt, mit scheinbar zementieren Weltzusammenhängen. Der Literaturhersteller, dessen Differenzgefühl zum Bestehenden für sein Schreiben unerläßlich ist, macht sich solche, zunächst privat, ja selbstversunken, mit denen er eher übereinstimmt.

Die durch Demontage und Neuaufbau von sprachlicher Realitätsorganisation bedingte, lästige Umständlichkeit kulminiert und wird abgekürzt im Bild.

Bildlose Umständlichkeit ist im besten Fall nichts als komplizierte Gescheitheit. Die im Bild sublimierte, zur Anschaulichkeit hin sich vereinfachende wiederum geht gewollt das Risiko des Changierens, der Uneindeutigkeit ein als keiner Losung wörtlich gehorchende Gestalt, die ein hundertprozentiges Verständnis unmöglich macht.

Rucke im politischen Bewußtsein verdanke ich wesentlich zwei fiktionalen Werken: *Germinal* von Zola und Pontecorvos Film *Queimada*. Was mich aber am nachhaltigsten beeindruckt hat, ist bei Zola gegen Romanende die Szene, in der, schon fast erstarrt, der Großvater der Bergarbeiterfamilie die ahnungslose Tochter des wohlhabenden Zechenaktionärs erwürgt, und in *Queimada* das unausdeutbare und doch die Lehre des ganzen Films einfangende Lächeln Marlon Brandos, bevor er getötet wird. Über diese Bilder, Szenen haben sich beide Werke bei mir eingeschlichen und in der Erinnerung entfalten können, unvergeßlich offenbar und in einem viel totaleren Sinn als das die zugrundeliegende Mitteilung, die mir auch damals nicht ganz neu war, als Dokumentation oder Diagnose leisten würde.

Nicht anders in Kellers *Romeo und Julia auf dem Dorfe*. Dort ist es die von den Kindern in einen Puppenkopf gesperrte Fliege, in Kafkas *Urteil* der mit der Uhrkette des Sohnes spielende riesige Vater, in Flauberts *Madame Bovary* die lächelnde Emma im

Gespräch mit Charles unter dem Sonnenschirm, auf den Wassertropfen fallen, usw: also gar nicht unbedingt Schlüsselszenen, aber doch solche, die durch den Gesamttext unter Hochdruck stehen, die Nägel, an denen das Ganze im Gedächtnis hängt. Das Gegenteil von bloßer Bebilderung.

Der gelegentlich geforderte große Gegenwartsroman, manchem eine fixe Idee, kann, soll er nicht illustrativ und der inzwischen eingespielten Interpretation unterwürfig und damit ein bloß kleiner sein, keineswegs befohlen werden, auch nicht vom Autor sich selbst. Er kann allenfalls gelingen bei empfindlich und komplex mit den Zeitphänomenen in Verbindung stehendem Sensorium sowie ausreichender Verwandlungskraft in ein subjektives, jedoch schließlich als exemplarisch akzeptiertes Formenuniversum, nicht als redlicher oder pompöser Willensakt, nicht als sogenannte Schicksalsdaten launig addierende Fleißaufgabe, nur als Glücks- und Sonderfall, im Augenblick seines Erscheinens zwangsläufig selten als das identifiziert.

Und warum ruft man überhaupt nach ihm? Ist es nur ein Feuilletonautomatismus, ein Relikt angesichts der Überfülle von Untersuchungen und Diskussionen zu 'Fragen der Zeit' in allen Medien? Oder meldet sich hier ein ebenfalls präzise funktionierender Instinkt, der zwar verkennt, daß eine Novelle ohne grell repräsentative Fakten über eine

Epoche im Prinzip so viel aussagen kann wie ein gewaltiger Roman, der aber doch wittert, daß dezidiert künstlerische Gestalt, durch ihre organische Vieldeutigkeit mit Natur, Wirklichkeit widersprüchlich, aber strukturell verbündet, am ehesten die Chance hat, Wesentliches einer Zeit zu kondensieren, weil sie, ausgerechnet dank ihrer störenden, unzuverlässigen Umständlichkeit, über alle Genauigkeit der Konstruktion, auch über Parteilichkeit der Gesamtkonzeption eines Werks hinaus – selbstverständlich ergeben Bilder, Einzelfiguren ('Helden') noch keinen Roman – anders als behender reagierende Artikel oder Essays, mehr ausschüttet, als von einem individuellen Bewußtsein in sie hineingefüllt wurde.

Für Herman Melvilles *Moby Dick*, die "Autobiographie eines Jahrhunderts", das "Epos von Amerikas unruhigem Geist", wäre eine denkbare moderne Lesart und Reduktion auf einen gesonderten Gesichtspunkt die, den Roman als Zuspitzung der Gestaltfrage zu begreifen. Bedroht von der flüssigen, formlosen Weite der Weltmeere, vor dem Hintergrund ihrer dauernden Infragestellung konturieren sich Haupt- und Nebenfiguren. Das in der Jugendbuchfassung auf eine spannende Waljagd geschrumpfte Werk besteht im Original neben Suche und Verfolgung des Moby Dick aus zahlreichen naturwissenschaftlichen und historischen Erörterungen über den Wal, seinen Fang, seine Verwertung, die – u.a. eine deftige Verzögerungsstrategie gegenüber der Rasanz dramatischer Ereignisse – ihrer Form nach aus der eigentlichen fiktionalen Geschichte zu fallen scheinen. Auf der anderen Seite gibt es eine kapitellange Reflexion über die Un-Farbe Weiß als die des Guten, aber vorzugsweise des Bösen, der Ambivalenz und des Wesenlosen, des Nichts, als "unendliches weißes Leichentuch".

Das Geniale des Romans zeigt sich nun darin, daß die sperrigen Einschübe, belehrend zur Sache gehend, integraler Bestandteil einer künstlerischen Architektur sind, daß sie, als raumfordernde, antipoetische Widersacher der Fiktion, dieser, fest verwahrt auf ihren Plätzen, zu Diensten sein müssen im Körper des Romans: der unverhohlene Diskurs in der Haut der Legende, im Symbol Moby Dick, in der siegreichen Gegenständlichkeit des fast unsichtbaren Mythos eines Wals mit der Nicht- und All-Farbe Weiß, in der vieldeutigen, der Natur verschwisterten, nicht zu ergründenden Gestalt.

Melville hat im nächsten Jahr seinen hundertsten Todestag. Als er starb, hatten ihn seine Zeitgenossen vergessen.

ZWEITENS
Literatur und Staubmäntel

Früher gab es beim Hamburger Dom auf St. Pauli eine Budenaufschrift, die den Besuchern eine Darbietung mit dem Titel "Hamburg bei Nacht" versprach. Hatten die auf Pikanterien gefaßten Leute bezahlt, wurden hinter ihnen die Türen geschlossen, und vor ihnen zog man einen Vorhang beiseite, der den Blick öffnete auf die Lichter der realen, nächtlichen Stadt.

Ezra Pound: "In einer Station der Metro: /Das Erscheinen dieser Gesichter in der Menge:/Blütenblätter auf einem nassen, schwarzen Ast."

Die Gemeinsamkeit zwischen jahrmarktlicher Wörterschwindelei und Pounds berühmtem Zweizeiler verbirgt sich hinter einer Umkehrung. Im ersten Fall wird die hochgespannte Erwartung eines möglichst schlüpfrigen Spektakels mit einer hier nicht vermuteten Alltäglichkeit konfrontiert, im zweiten wendet der Autor die durch die Alltäglichkeitssynonyme 'U-Bahn-Station', 'Menge' geweckten Assoziationen in ein fast schockierend poetisches Bild.

Beide Male wird durch Deklaration das sogenannte Banale in Szene gesetzt, allerdings in unterschiedlicher Laufrichtung. Beide Male, bei idealer Rezeption, könnte sein geschärftes Interesse für sang- und klanglose Realität, für das sehr Vertraute, das Ergebnis sein. Literatur und Staubmäntel! Dann also ebensogut: Literatur und Trenchcoats, Coca Cola, Hamburgers? Keinesfalls! Es soll hier nicht um jene nur die Favoriten wechselnde Flair- und Hautgout-Kultur gehen, der ihre Gegenstände schnuppe sind, während sie sich an deren ausgerufener Trivialität zu entzücken vorgibt, sondern um das nullpunktartige, unschuldig Beiläufige noch außerhalb der Bewertungen von schön, häßlich, gut, böse, um Literatur und Kartoffelschälmesser, Bleistiftanspitzer, Impfnarbe.

Besteht vielleicht eine mögliche Tugend von Literatur, zumal in einer Umgebung, in der Personen und Sachen unaufhörlich angepriesen und disqualifiziert werden, in ihrem demokratischen Verfahren, eine hierarchielos partikelte Wirklichkeit dar- oder herzustellen, in der allem gleichermaßen Beachtung zuteil wird, was soviel heißt wie: die Aura des schon als positive oder negative Besonderheit Gefeierten, etwa in politischer, metaphysischer, biologischer Hinsicht, zu beschneiden und das meist Übersehene – die bei jedem Weiterschieben der Waren offensichtliche, schmerzhafte Schultersteife der Supermarktkassiererin – auf die gleiche Höhe zu bringen?

Durchaus nicht! In der Literatur ist solche Gerechtigkeit kein Verdienst. Ohne Bewertungen ist es auch bei ihr langweilig, und der Vorteil, den der Umgang mit dem staubgrau getarnten Landläufigen bringt, ist vor allem die gesteigerte Freiheit für eigene Gewichtungen, Bedeutungszuschanzungen, das Vergnügen, ein unscheinbares Ding, die unauffällige Geste kraft literarischer Suggestion zur Hauptfigur zu machen, übrigens wie im Leben, wo erotische oder kriminologische Zusammenhänge ein beliebiges Fetzchen Stoff, Haar, Haut zu Devotionalien oder Indizien stilisieren.

Die Kombination aber von Banalem und überliefert Hochrespektiertem sowie hochgradig Verabscheutem, die Kreuzung jedenfalls mit so oder so sakrosankten Inhalten kann gelegentlich eine wünschenswerte kleine Kettenreaktion auslösen: "Da kam uns eine Seelenschar entgegen;/Sie zogen längs des festen Damms einher,/Und blickten so, wie abends Wanderer pflegen,/Wenn Neumond ist und das Erkennen schwer;": Bis hierhin ist noch alles normal, Dante vergleicht in seiner *Commedia* eine Gruppe unglücklicher Höllenbewohner in Seelengestalt mit Leuten, die im Dunkeln den Weg suchen. Dann aber: "Da schärften sie so sehr nach uns die Brauen,/Gleichwie ein alter Schneider blickt ins Öhr."

Der Streich ist ja der, daß hier das abgedroschen Alltägliche jungfräulich und präzise ist in seiner verblüffenden Vergleichsfunktion, indessen die wolkige "Seelenschar" zum Jungfräulich-Präzisen erst rückwirkend geadelt wird durch die eiserne Nadelöhrrahmung. Auf der anderen Seite: was wäre der Schneider ohne den mit dem konventionellen Bedeutungsgefälle spielenden Schachzug Dantes!

Der zeitgenössischen Literatur wird des öfteren angekreidet, sie beschäftige sich a) zu sehr und b) zu wenig mit dem Banalen. Solche Vorwürfe über zu viel Grau- oder zu wenig Dreckanteile, insgesamt mangelnde Bedeutsamkeit, sprich auch: Relevanz, muß sie sich nicht allzu sehr zu Herzen nehmen. Eine Regel aber scheint auf den ersten Blick von Belang, nämlich die, Banales nie auch noch als solches darzustellen. Sollte man nicht aber das unbedenklich tun, jedoch indem man seine abenteuerlichen Reize, ohne seinen banalen Charakter zu verraten, scharf herausarbeitet, z.B. durch Dehnung, Überstürzung? Nicht Schrittgeschwindigkeit der Normalität, vielmehr: Elektrizität zwischen den Details.

Noch viel heikler verhält es sich mit der Schönheit! Obschon alle ihr in dieser oder jener, heimlicher oder offener Weise nachrennen, gilt die Häßlichkeit in der Kunst als wirklicher und wichtiger. Das ist halbwegs ein Mysterium. Zweifellos soll sich die Häßlichkeit hüten, derart selbstgerecht daher zu trampeln, vielleicht macht sie sich ähnliche Illusionen, was ihren Wahrheitsgehalt betrifft, wie ihre Gegenspielerin. Diese aber muß sich in literarischen

Zusammenhängen große Mühe geben, ja auf Schleichpfaden gehen, wenn sie auftauchen und gelitten sein will. Gern darf sie das Böse, Morbide, Unheilbringende sein, der zu entlarvende Schein, die hochgefährdete Augenblicksvision. Ihre Strafe: die Vergänglichkeit. Sie kann auch auftreten im Gewand des Häßlichen, zumindest Grotesken, Unansehnlichen und durch geschickte Arbeit des Autors als zwiespältige Schönheit lanciert werden. Spezialisten: A. Schmidt, Heissenbüttel, Henscheid.

Natürlich ist Schönheit auch Geschmackssache, aber es gibt eine Tradition schöner Gegenstände, und einer der Gründe der Scheu vor ihr ist ein technischer und nicht quasi-moralischer. Gibt sich ein Schriftsteller mit schon voll inthronisierten Größen ab, kann er sie nur noch zerstören, wenn er selbst etwas tun will. Kein Wunder, wenn er das neutral Prosaische vorzieht. Absoluter Härtetest trotzdem: Schönheit in der Realität in Schönheit in der Kunst zu verwandeln. Borniert hingegen ist die Ansicht orthodoxer Ästheten, die Realität habe die Kunst nötig, um überhaupt schön zu sein oder um als das empfunden zu werden.

Und geht es letztlich nicht um anderes als um profan, bedeutsam, gut und häßlich, schön und schlecht? Literatur arbeitet mit solchen Kategorien, indem sie diese an festen Gegenständen, Fakten abwechselnd zum Vorschein bringt durch Beleuchtungs- und Positionswechsel. Der hauptsächliche Vorteil, der entscheidende Kurerfolg beim Aufenthalt in solchen sprachlichen Gebilden: Was im Leben nie gelingt, ekstatische Momente, Augenblicke höchster Inbrunst (schlicht: ein Höchstmaß an Interesse) konstant zu machen, erzielt die Literatur durch ihre flexible, aber nicht an Dringlichkeit, "Intensität" nachlassende Zuwendung (das ist ihr Ernst, ihre Moral) den Dingen gegenüber, die sie beobachtet und dabei u.U. auf den Kopf stellt. Wie in der Realität allenfalls ein kurzfristiges, alles dominierendes Gefühl, so erzeugt ihre unvoreingenommene "musternde" Aufmerksamkeit eine Atmosphäre des Nicht-Zufälligen, mehr noch als eine Perspektive: eine Meteorologie, aus der Leser gestärkt hervorgehen, ohne genau zu wissen, warum, im besten und seltenen Fall mit dem Wunsch, auf den letzten oder letzten hundert Seiten das Werk nie mehr verlassen zu müssen.

Was wurde erlebt und handgreiflich?

Statt rekapitulierender Bestätigung offizieller Wertungen: Wertschätzung der Einzeldinge, des Konkreten, der Details. Wertsteigerung der Wirklichkeit.

DRITTENS
Literatur, Männer und Frauen

Die im Kontext 'Frauenliteratur' oder, davon abgesetzt, 'Literatur von Frauen' häufig strapazierte Virginia Woolf beschäftigt sich in ihren Essays *Der gewöhnliche Leser* mit weiblichen und männlichen Kollegen. Sie tut es originell, anfechtbar und immer aus der Sicht des Profis, d.h., sie ist an Methoden und Ergebnissen der jeweiligen Schreibweise interessiert, ohne dabei Unterschiede zwischen Männern und Frauen zu machen, nicht, wenn sie zustimmt, nicht, wenn sie kritisiert. Dazu ist ihr Respekt vor den Berufsgenossinnen zu groß. Undenkbar, daß sie das Thema 'Frau' und 'Selbstverwirklichung' mit Stil verwechseln könnte oder Schriftsteller mit Generälen, die, mit maskuliner Ästhetik, die Wirklichkeit gewissermaßen militarisiert hätten. (Oder sind, wenn Verfechterinnen einer spezifisch weiblichen Ästhetik u.a. die Prinzipien 'Realität-Traum-Vermischung', 'Zeit-Erinnerung', 'Abkehr von linearer Fabel' vorzugsweise als Errungenschaften von Schriftstellerinnen reklamieren, Proust, Joyce, Kafka vorweggenommene Frauen? Und vor allem: selbst wenn, was dann?) Allzu klar ist ihr, was jedem Schriftsteller blüht, ob männlichen oder weiblichen Geschlechts, falls er den Namen ernsthaft verdient, nämlich die schwierige Aufgabe, die Erzählkunst "zu zerbrechen und zu bezwingen wie auch sie zu ehren und zu lieben, denn nur so kann ihre Jugend erneuert und ihre Herrschaft gesichert werden."

In ihrer Forderung nach dem Gewaltakt des Zerbrechens auch eigener Erzähltraditionen geht sie so weit, für Jane Austen, hätte sie länger gelebt, eine mögliche Entwicklung weg vom Dialog zu mehr Reflexion vorzuschlagen, denn der Dialog "wäre zu grob gewesen, um all das zu fassen, was sie nun von der Komplexität der menschlichen Natur gewahrt." Ivy Compton-Burnett, ebenfalls Engländerin, zwei Jahre jünger als V. Woolf, hat dagegen mit ihren radikalen Dialogromanen demonstriert, in welchem Ausmaß psychologische Finessen durch reine Rede und Widerrede ans Licht zu bringen sind. Sie wurde bei uns vor allem mit ihrem Roman *Männer und Frauen* bekannt. Auf sie beruft sich Nathalie Sarraute, die, anders als die süffige Marguerite Duras und weit weniger von der Frauenbewegung zur Kenntnis genommen als diese, Grundlagenarbeit für den zeitgenössischen Roman geleistet hat.

Wie beeindruckend andererseits eine wenigstens teilweise feministische Perspektive einem literarischen Werk Gewicht und feurige Färbung zu geben vermag, solange sie nicht die fehlende künstlerische ersetzen muß, beweist die Portugiesin Augustina Bessa Luis mit ihrem Roman *Die Sibylle*, der 1954 in

Lissabon erschienen ist und seit 1987 in deutscher Übersetzung, jetzt auch als Taschenbuch, vorliegt.

Die Autorin liefert mit ihrer in der nordportugiesischen Provinz angesiedelten, über drei Generationen sich erstreckenden Familiengeschichte des Hauses Vessada, in der 2. Hälfte des 19. Jahrhunderts beginnend und bis ins 1. Drittel des 20. reichend, eine Fülle von Frauenfiguren, wie sie vermutlich in derart polemischer Schärfe, parteiisch und gelassen, kein Mann hätte erfinden wollen, aber auch nicht, mit solch überwältigender Spannweite weiblicher Außen- und Innenweltdetails, hätte erfinden können.

Biologisch den Männern unterworfen, sind all diese eigensinnigen Heldinnen der bäuerlichen Region bis hin zum Landadel, sofern sie nicht der Gattung des 'Weibchens' angehören – eine Dualität, die sich bis in die am Rand erscheinende städtische Akademikerschicht fortsetzt –, den Männern glaubwürdig an Charakterstärke und planerischer wie intuitiver Intelligenz überlegen. Sie sind härter, zäher, konsequenter, auch gegenüber dem eigenen Geschlecht, als die männlichen Protagonisten, die, verführbar, sentimental und gelegentlich zu bestialischen Grausamkeiten neigend, das Werk der Frauen (Familie, Besitz) bis zur Zerstörung gefährden. Wer allerdings Sätze wie diesen: "Die tiefinnere Abneigung gegen den Mann, dieses nutzlose, despotische und egoistische Wesen, das mit fatalem Leichtsinn seinen Lastern nachgibt..." allzu sehr genießt, der wird gleich im nächsten Absatz durch Korrektur eines Besseren belehrt: "Trotz dieser säuerlichen Voreingenommenheit gegen alle Männer...". Die Männer des Romans bleiben zwar nur periphere Figuren, aber, an Anfang und Ende der Familienchronik postiert, sind gerade zwei Exemplare ihres Geschlechts, trotz aller Beanstandungen, die nicht nur destruktive Sonne der ihnen zugetanen Frauen, die in ihrem, von der Autorin errichteten, heimlichen Matriarchat sich durch das an die Männer abgetretene Attribut der Schönheit betören lassen, ohne auf der ganzen Linie den Kopf zu verlieren.

Die darin zum Ausdruck kommende Skepsis gegenüber einem pauschalisierenden Feminismus erhöht nicht nur die realistische Kräftigkeit der Frauenporträts, sondern auch die künstlerische Qualität des Werks, für dessen Ambition, Wirklichkeit zu erweitern statt zu verengen, dies nur ein Beispiel ist.

Quina, die "Sibylle", die unverheiratet bleibt und unter deren Hand der abgewirtschaftete Hof des Vaters zu einem reichen Anwesen wird, ist Personifizierung dieser, man könnte vielleicht sagen: durchlässig vertikalen Struktur des Romans. Neben dem Geschick für handwerkliche Arbeit und finanzielle Transaktionen ist sie ausgestattet mit allen Schwächen der Eitelkeit und eines kleinlichen Herzens wie auch der Fähigkeit zu spirituellen Aufschwüngen, Zuständen einer entindividualisierenden mystischen Leere und Hellsichtigkeit, die sie, tröstend und stärkend, der dörflichen Gemeinde zur Verfügung stellt. Diese Augenblicke sind naturgemäß vergänglich. Stabil und allzeit gegenwärtig wird das vertikale Prinzip in Quinas wirtschaftlichem Aufstieg, als sie, zu Geld und Ansehen gekommen, dem Zubehör an Dingen des einfachen bäuerlichen Lebens die Treue hält – nicht anders der ländliche Adel, bei dem sich Gewohnheiten und Gegenstände einer tollpatschig luxuriösen Existenz sehr auffällig mit denen des ärmlichen Pächter- und Tagelöhnerdaseins mischen.

Fauna und Flora, Dreck, Geruch, Licht, Pfützen, Mahlzeiten, Kleidung, Sitten, die verschwenderische Masse, der präzise und penible Katalog von Einzelheiten eines vergangenen portugiesischen Landlebens aber sind modelliert nach der Wesensart der Sibylle: extrem materiell bis hin zur Metaphysik von Erleuchtungen. Wie ein dichter Vegetationsteppich schließen sie sich immer wieder über Szenen und Schicksalen, gleichen sich die ausführlichen und gerafften Biografien an, denen die Autorin, fast ähnlich schicksalssüchtig wie Tania Blixen, mit der sie als literarische Lehrmeister die Bibel und die Märchen aus 1001 Nacht gemeinsam hat, möglichst bis in die verborgene Sterbestunde nachsteigt. Die Landschaft, das bäuerliche Ambiente wird austauschbar mit den Charakteren, deren Darstellungsweise (veraltet wirkende, wenn auch effektvolle Abkürzungen, ornamentale Verselbständigung der Differenzierungen!) nur so lange irritiert, bis man begreift, daß sie als Gegenstände, feste Dinge behandelt werden, daß Haar, Maiskolben, Gefühle, Witterungen in den Textzusammenhang als ineinanderübergehende Bestandteile, denselben Gesetzen unterworfen, verwoben sind. Folgerichtig wird deshalb – etwas emphatisch – von Quinas Sterben berichtet, daß ihre Seele sich auflöste, "um in die großartige Komposition des Kosmos einzutreten": ein Prozeß, den das Grundmuster des Romans eingeleitet hat.

Möglichst bedingungslose Auslieferung an die Welt und zugleich formende Bemächtigung, gewaltsame Besitznahme derselben – nach einer konventionellen Verabredung könnte man von einer weiblichen und einer männlichen Haltung sprechen – sind die Koordinaten der *Sibylle*. Es ist, vor jedem Feilschen um Spezialästhetiken, die unerläßliche Doppelgeschlechtlichkeit, die vielleicht einzig wichtige Sexualität eines jeden Kunstwerks, ob nun ein Mann oder eine Frau dessen Urheber ist.

VIERTENS
Literatur und "schöns Blümelein"?

"Hab ich das Licht angesehen, wenn es hell leuchtete, und den Mond, wenn er herrlich dahinzog, daß mich mein Herz heimlich betört hätte, ihnen Küsse zuzuwerfen mit meiner Hand?" Hiob, auf der Suche nach einer Schuld und damit der Ursache für sein Unglück, kann sich von solcher "Missetat" freisprechen. Bevor man aber der Neigung nachgibt, gerührt über die Skrupel des biblischen Fragestellers zu lächeln, sollte man sich rasch klarmachen, daß heiß verliebte Kußhändchen, ob Richtung kosmische oder irdische Natur, riskierte sie jemand heutzutage literarisch, durchaus als Verfehlung gelten würden, nämlich als intellektuell-künstlerische Peinlichkeit.

Das hat mindestens drei Gründe: 1. bietet eine in die Defensive gedrängte Natur, in der, wie jedes Kind weiß, tropische Urwälder und Ozonschicht sich wesentlich rapider verringern als bisher angenommen und die Menschen sich noch besessener vermehren als bisher befürchtet, keinen Anlaß zu Euphorien, deren Zeit, 2., auch gemäß der Abfolge philosophisch-ästhetischer Naturauffassungen durch die Jahrhunderte hindurch längst abgelaufen ist, und 3. haftet dem Vertrauen in unmittelbare Anschauung im Zeitalter von Simulation und primär stattfindender Sekundärerfahrung, wo sich einer vorgestylten Wahrnehmung logischerweise die passende Avantgarde-Natur darbietet, etwas schon widerlich Unmodernes an.

Vorbei also ist es endgültig mit den "viel hunderttausend Blümelein", die nach Auskunft eines frühen unbekannten Dichters durch die Mahd des Schnitters Tod "in den himmlischen Garten" versetzt werden, verwoben in den differenzierten Pflanzenteppich der Ewigkeit, auf dem die gemalten Madonnen in Rosenhag und Paradiesgärtlein seit mehr als 500 Jahren vogel- und blumengleich ruhen.

Vorbei ist es für "himmelfarbne Ehrenpreis, Tulipanen gelb und weiß, die silbernen Glocken, die goldenen Flocken", egal, ob diesseits oder jenseits der definitiv zuschlagenden Sichel oder Sense. Vorbei für die glück- und tränenseligen, zugleich hochkomplizierten Naturemphasen Jean Pauls, für Eichendorffs: "Hör nur, wie der Fluß unten rauscht und die Wälder, als wollten sie auch mit uns sprechen und könnten nur nicht recht!" Weg auch mit Annette von Droste-Hülshoffs: "Süße Ruh, süßer Taumel im Gras, von des Krautes Arome umhaucht, tiefe Flut, tief tieftrunkene Flut", mit Sapphos "...unter den Flügeln entströmt schrill der Gesang der Grille, wenn sie die dumpf über dem Feld lagernde Glut bezaubert". Denn: Wenn die von der Natur hervorgerufenen, in Verse geformten Halluzinationen und Tröstungen nur noch taugen als wehmütig zu goutierende Historie, als Reminiszenzen und Museumsstücke, ausgeliefert der Langmut germanistischer Grabpflege, dann sind sie in Wirklichkeit selbstverständlich gestorben, dann stirbt, gerechterweise, mit der Natur auch die ihr gewidmete Literatur, denn wenn diese nicht mehr ins räsonierende Leben zielen und treffen kann, hat sie das ihrige ausgehaucht.

Das sagt sich leichter, als es zu ertragen ist. Wie soll man sich denn verhärten, um noch einmal auf Mond und Sappho zurückzukommen, gegenüber solchen Zeilen: "Alle Sterne rund um den Mond, den schönen, müssen rasch die helle Gestalt verstecken, wenn er ganz vollendet am stärksten leuchtet über der Erde silbrig strahlend..." Weiter mit dem Erdtrabanten, der ja, wie man hört, durch die Fußstapfen der Astronauten auch nicht mehr der alte ist, nun aber nicht wie eben in einem Gedicht von etwa 600 v. Chr., sondern aus dem 19. Jahrhundert: "Dies war der gepriesene, der begehrenswürdige Anblick, ungesucht, dargeboten so leichthin, der mich entfaltete, Blatt um Blatt, mir trennte Lid um Lid meines Schlummers": *Mondaufgang* von Gerard Manley Hopkins, dem leidenschaftlichen, sprachgewaltigen Dichter der einzelnen Naturerscheinungen. Und in frostigem, doch nicht geringerem Pathos: "Der Mond als Schlußstein des schief zugespitzten Himmelsgewölbes", so Arno Schmidt in *Schwarze Spiegel*, einer Science Fiction-Erzählung aus der Zeit nach dem 3. Weltkrieg, Mitte des 20. Jahrhunderts geschrieben. Für ihn war das Verhältnis zur Natur bekanntlich das wichtigste Kriterium bei der Beurteilung eines Autors. "Momentan", so Ror Wolf, "steht der Mond auf dem Kopf, und die Kältetöne, das eisige Splittern hoch in der Luft, als würde der Himmel einfach zerrissen zerschlitzt und zertreten mit einem Tritt." Wenig später die andere Seite des Mondes: "Was hat er? Zu singen angefangen, zu singen!" Aber weg und vorbei, wie gesagt, mit Mondäugigkeit und Wald- und Wiesenekstasen?

'Die Natur' ist ein allerdings prekär gewordener Begriff, wenn man dahinter die Auffassung vermutet, ihr normativ und in toto auf den Leib rücken, aber auch, sich pauschal von ihr distanzieren zu können. In der Konstruktion einer linearen Epochenabfolge erscheinen die philosophischen, metaphysischen, ästhetischen, wissenschaftlichen Bemächtigungen als herrische Enträtselungs-, auch Kastrationsversuche, denen sich 'die Natur' konstant entzieht, u.a. deshalb, weil sie die zuverlässige Nicht-Konstante ist, wenn es sein muß mit eingeplanten planetarischen Zerstörungsphasen. Gleich hier zeigt sich, daß man ihr höchstens dialektisch beikommt, selbst wenn das letzten Endes auch nur eine Krücke sein sollte: Die Bemühung um Rettung von Natur in Form von Landschaft, Tier, Wirkungszusammenhang könnte ein vorläufiger Widerstand sein gegen das kältere Naturgesetz einer vorprogrammierten Auslöschung terrestrischer Episodennatur.

Auch wenn man sich darauf beschränkt, über Natur in Form von anschaubarer Gestalt zu reden, geht es widersprüchlich genug zu. Mit ihr haben sich die Dichter seit je beschäftigt, und welcher bedeutende hätte stets in ihr eine eindeutige gesehen! Die Erkenntnis des einfachen "Blümeleins" wird immer nur eine partielle sein, weit entfernt von seiner Totalität, weit entfernt von der Gesamtheit der Aufreizungen, die es in der Summe möglicher Betrachter bewirken könnte. Und ist Erkenntnis, bezogen auf Literatur, überhaupt das richtige Wort? Viel eher handelt es sich hier wohl um Natur als Stimulans und einzigartigen Projektionsträger. Natur, die immer beides ist, geordnet und chaotisch, verschwenderisch und ökonomisch, triebhaft und rituell, zunehmend reglementiert und um so eher entgleisend, direkt und zeichenhaft, geschminkt, simulierend, erweist sich als Speicher von Kindheitserinnerung, als Trost und Zurückweisung, schiere Oberfläche und Struktur, Stimmungserzeugerin und –zerstörerin, beispielsweise durch kleine metereologische Schwenks, als sprechend und stumm, als Vorbild und Abschreckung.

Nicht um Verabschiedung, meine ich, von Perspektiven auf die Natur geht es, sondern um Zugewinn von – auch extremen – Sichten. Wie in der Literatur selbst. Ist nicht das Nebeneinander, das schnelle Hin und Her von Blicken auf die Natur das ihr eigentlich Angemessene, das, was ihrer unendlichen Facettierung, ihrer Komplexität als Mathematik und Erscheinung sowie deren Wirkung auf uns am nächsten kommt? Ja, aber müssen die Anstrengungen der Literatur angesichts der auf dem Planeten sterbenden Natur nicht andere sein als das Wuchern mit Perspektivenreichtum?

Keine Fernsehsendung über Landschaften und Tiere endet ohne Hinweis auf ihre Gefährdung und übernimmt damit, manchmal etwas zu mechanisch, einen wichtigen Part. Gerade wenn die Utopie von Natur noch etwas anderes ist als strahlungsfreies Gemüse, hormonarmes Fleisch, touristisches Freiheitssignal und Artenvielfalt, muß Literatur weiterhin und exzessiv dieses ihre primitive Nutzbarkeit (Eichendorff: "Wald und Rehe, als wenn das alles nur so zum Einheizen und Essen wär! –") übersteigende Andere konkretisieren, nicht nur im abgeklärten Spiel der Beleuchtungen, auch mit dem Ernst des weder Entsetzen noch Überschwang scheuenden Hinsehens.

In den Schoß allerdings, was häufig vergessen wird, fallen Mond und "himmlische Schlüssel" niemandem. Auch die Betrachtung des infantilsten Gänseblümchens hat ihre Initiation, ihr heimliches Zeremoniell. Gerade für das scheinbar Natürlichste, das sogenannte Naturerlebnis, gilt, wie für die Kunst, Spinozas Satz: "Alle Herrlichkeit ist ebenso schwierig wie selten."

FÜNFTENS

Literatur und sentimentale Hautflechte

Was steckt eigentlich hinter der bei Literaturlaien wie -profis weit verbreiteten Gier, die autobiografischen Anteile eines Werks zu erspitzeln? Geht es nur um die geläufige Mißachtung von Literatur als ausdrücklicher Setzung, zumal sich über alles andere als ausgerechnet die Kunst an der Sache leichter reden und schreiben läßt? Soll überprüft werden, in welchem Ausmaß sich der dem Autor unterstellte Exhibitionismus dem eigenen voyeuristischen Vergnügen die Waage hält, und hofft man, den Autor, der ja auch nur ein armseliger Mensch wie du und ich sein muß, bei etwas zu erwischen, das er als und via Kunst schlau verbrämen wollte? Oder fordert der Leser vielmehr, da Identifizieren, also das Ansiedeln eigener Autobiografie im Nest vorliegender Sätze, Vertrauenssache ist, die Absicherung, daß sich der Aufwand lohnt und man nicht Gefahr läuft, auf den Schwindel einer Fiktion hereinzufallen?

Hier noch zwei respektablere denkbare Gründe: Man möchte feststellen, ob der Erzähler bloß vom Leben abgeschrieben hat, also das Gefälle ermessen können, das zwischen tatsächlicher Sachlage und literarischem Ergebnis besteht, zur Abschätzung der

Kunstanstrengung. Endlich, als vielleicht bestes Motiv, der Wunsch, Literatur möge auch dem Leben und nicht allein der Kunst entspringen.

Und apropos Leben: aus Anhänglichkeit, aber ebenso aus arbeitsökonomisch fundierter Abneigung, sich bestimmte Details und Milieus auszudenken, greifen Schriftsteller gern auf autobiografische Einzelheiten zurück. Dabei kann es eine besondere Lust sein, diese kaum zu verändern. Am liebsten würde man manchmal sogar die Namen original nach der Vorlage übernehmen, nur zu dem Zweck, die willkürlich autobiografischen Fakten in ein kontrolliertes poetisches Gefüge einzugeben und in dieser Kunst-Maschine ganz anders als "draußen" funktionieren zu lassen, unmerklich, aber vollständig verändert innerhalb eines sehr individuellen Systems von Bedeutungen – die Art dieses Musters ist vermutlich das autobiografisch Aufschlußreichste –, in dem sie, isoliert betrachtet, nicht ihr Aussehen wechseln, aber sonst alles, Gewicht, Proportion, Energie, Materialstruktur.

Das Interessante ist nun, daß es sich bei diesem Punkt keineswegs um ein lediglich innerliterarisches Problem handelt, sondern daß die schriftstellerische Arbeit hier exakt ein sogenanntes allgemein menschliches Verfahren im Umgang mit dem eigenen Leben abbildet.

Autobiografien werden u.a. verfaßt, um das bisher zurückgelegte Leben aus der Anonymität der Vielen als einzigartiges, jedenfalls von ihnen unterscheidbares herauszustellen, oder auch, um sich mit dem verfaßten Lebenslauf gegen die mißverstehenden Blicke der Restwelt zur Wehr zu setzen (darstellen, "wie es wirklich war!"), vor allem aber – und das betrifft nun auch all die kleinen, unvollendeten mündlichen Autobiografien, die jeder von einem gewissen, meist noch jugendlichen Alter an zu gestalten beginnt –, um aus den mit zunehmenden Jahren refrainartig memorierten Lebensvorkommnissen prägnante, motivlich stimmige, einen Wendepunkt markierende Erlebnisse zu machen, möglichst mit Welterkenntnis zum Ausdruck bringender Beispielkraft, und sei es als Beleg für die eigene Pechvogelexistenz oder einen stets blind wütenden Zufall. Eine, irgendeine Struktur, an der sich das Leben, "mein Leben", zur Lebensgeschichte aufreihen läßt, muß her. Das betreiben die immer in einen Pott geworfenen Hausfrauen und Rentner nicht anders als ausgefuchste Intellektuelle. Die ersteren stottern allenfalls etwas weniger dabei.

"Eine der weniger beobachteten menschlichen Neigungen ist die, sich Ereignisse mit Verfallsfrist zuzubereiten, sich eine Reihe von Ereignissen zu bilden, die einen Aufbau haben, eine Logik, einen Anfang und ein Ende. Das Ende wird fast immer betrachtet als eine sentimentale Hautflechte, eine (...) Krise der

Selbsterkenntnis. Das erstreckt sich vom planvollen Aufbau von Hieb und Gegenhieb bis zu dem eines Lebens. (...) Die Erzählkunst befriedigt eben diese tief verwurzelte Neigung", schreibt Pavese in *Das Handwerk des Lebens*, einem Tagebuch, in dem er selbst aus winzigen Geschehnissen und Gedankensplittern wie manisch sofort, vorausschauend und bilanzierend, Lebensregeln ableitet. Vorgeführt wird, unfreiwillig lehrreich, die frivol triumphierende, sinnspendende Konstruktion einer scheinbar unentrinnbaren Folgerichtigkeit im Ablauf seines sich auf den Selbstmord zu bewegenden Lebens, ein Krieg gegen sich selbst, der insofern Privatsache bleibt. "Das Lebenshandwerk ist die schöne nie erreichte Kunst geblieben", läßt etwa 40 Jahre später Lukas Hammerstein in seinem Roman *Eins:Eins* konstatieren. Zum Kunst-Handwerk aber wird das Leben, indem man es z.B. in Krisenkomplexe portioniert, eine Stilisierungstechnik, die jedermann beherrscht und praktiziert, auch wenn die alten Frauen in den Zugabteilen und die jungen Paare an den Haltestellen diese anspruchsvolle Vokabel als Beleidigung empfänden. Nicht aus Bescheidenheit, sondern wegen der Infragestellung kostbarer Authentizität.

Sicherlich hätte, nicht anders, der im 16. Jahrhundert lebende Mailänder Arzt und Mathematiker Girolamo Cardano die Unterstellung, es handele sich bei seiner *Eigenen Lebensbeschreibung* um eine Inszenierung, als kränkend empfunden. Dabei ist es die – unbeabsichtigt – aufklärerischste Autobiografie, die ich kenne: "Glück war es erstens, daß bei mir, wenn bei irgendeinem Menschen, ganz deutlich immer alles bis aufs äußerste genau im richtigen Zeitpunkt eintraf, so daß in den meisten Fällen mein ganzes Leben zerstört gewesen wäre, wenn der Beginn eines Ereignisses auch nur ein wenig früher und rascher eingesetzt, das Ende auch nur um ein wenig sich hinausgeschoben hätte." Fast noch (spät-)mittelalterliche Einfalt und Schicksalsgläubigkeit? Ich persönlich verkrafte die Offensichtlichkeit dieser Autosuggestion wesentlich leichter als das: "Noreen war hübsch, zartgliedrig; sie hatte rotgoldenes Haar. Seine Mutter, Noreen", "Der Werkmeister war Ende Dreißig, ein netter, ordentlicher Mann. Er hatte ganz hellbraune Haare", das: "Ich mag Einsichten", "Ich mag schöne Menschen" der Helden des zeitgenössischen Schriftstellers Harold Brodkey in ihrer amerikanischen "Ihr-wißt-schon"-Einfalt und großspurig unterkühlten Schicksalsgläubigkeit.

Es handelt sich hier natürlich um spezifische Rollenprosa. Gerade übrigens, wenn ein Autor die Erzählwelt aus einem redenden Ich heraus entstehen läßt, ist Vorsicht bei schnellen Rückschlüssen geboten. Indem das trivialliterarische Laborieren mit Wirklichkeit durch ein sich vorstellendes Subjekt erscheint, wird das hochgradig Künstliche, Gemachte des naiven autobiografischen Erzählens und damit unser aller normales mündliches Berichten von dem, was uns zustößt (das Herstellen von Erlebnissen, ihr Verknüpfen zu symptomatischen Bewegungen eines Lebenslaufs), per Nachahmung bloßgelegt, die durch diesen gezielten Akt Kunst werden kann.

Literatur imitiert wissend den Impetus des naiv autobiografischen Erzählens, wie dieses unwissentlich Literatur imitiert. Die alten, längst fern aller Bücher jedermann in Fleisch und Blut übergegangenen literarischen Muster bieten die Wonnen strukturellen Schutzes, bergen aber die erhebliche Gefahr in sich, sie mit der Welt und ihren Wahrnehmungsangeboten zu verwechseln. Der Autor selbst spielt ständig mit dem Risiko, seine Fiktionen nachträglich autobiografisch werden zu lassen. Plötzlich befällt ihn, der sich so glänzend auskennt mit den Utensilien "Anfang", "Ende", "Hieb", "Gegenhieb" jene ominöse Hautflechte, womöglich in ihrer albernsten Version. Seine Sache! In der Politik kann das Zubereiten von "Ereignissen mit Verfallsfrist" und dann angeblich alternativlosen, pseudo-heroisch akzeptierten Handlungszwängen (u.a. "Ehre"!) eine Katastrophe in Gang setzen, die jedes Maß übersteigt.

SECHSTENS

Literatur und Literatur bzw. Leben

Unter den Ländern mit sommerspezifischer Attraktivität (sture Sonnenpräsenz, blau aussehendes Meer) ist Italien für Deutsche unbestreitbar eins der führenden. Ob im Einzelfall die Wahl auf Spanien, Jugoslawien, Griechenland usw. fällt, hängt meist davon ab, was die Hotels für wenig oder viel Geld an Service, Wassersauberkeit, Strandkomfort, Sportmöglichkeiten verheißen und vorflunkern. Nichts spricht hier eine deutlichere Sprache als die Reiseprospekte.

In der Literatur außerhalb dieser psychologisch den Nagel auf den Kopf treffenden Broschüren haben Helden und Heldinnen, auch wenn es sie noch so massentouristisch pragmatisch-bewußtlos nach Italien treibt, keine Wahl in den Motiven. Hier muß es noch immer die deutsche Romantik sein, die den Reisenden über die Alpen schickt, verbunden mit – hoffentlich ironisch nuancierten – bildungsromanlichen Anspielungen des Autors. Unschuldig, literarisch nackt (oder gibt es das gar nicht?) einzel- oder gruppengereist wird ins Italienische nicht, punktum.

Das mag jener Richtung willkommen sein, die davon ausgeht, daß heutige Literatur im Prinzip nur noch ein Zitieren der bestehenden, die alles bereits gesagt habe, sein könne und die das Manipulieren mit Zitaten zum international höchst fälligen, lachend-lustvollen Schreib- und Versteckspiel ausruft, welches allerdings den bildungsversiert harmonierenden Leserdetektiv verlangt, weniger den primitiv reflexhaft assoziierenden.

Mir hingegen ist durchaus nicht recht, daß beispielsweise die seit circa 1527 vor der Ungeheuerlichkeit des Verkündigungsengels wütend wegspringende Katze Lorenzo Lottos in ihrem wirkungsmäßig bildfüllenden exzentrischen Mittelpunkt- und becircenden Oberflächenschauspiel nicht verharren darf, sondern laut Kunsthistorikerkommentar nach "sehr alter, tief verwurzelter Auffassung" unverzüglich Symbol des Bösen zu sein hat. Eine lästige, ja eigentlich widerwärtige Bevormundung des Augenscheins und Augenblicks. Widerwärtig deshalb, weil es offenbar zwischen Anblick und Bedeutung keine friedliche Koexistenz gibt. Das Bleigewicht des Symbolischen schlägt als das Gewußte, nicht als das Gesehene, die Katze tot. Das Abstrakte frißt das Konkrete. Man betrachtet nicht mehr das hervorragend posierende leibhaftige Tier, sondern ermittelt in Windeseile den Leibhaftigen im Tarnanzug: Aufgabe gelöst. Wer sich nicht darauf einläßt, hat zur Strafe weder deutsche Italienreisen noch italienische Verkündigungsbilder verstanden.

Nun sind natürlich, was Rezipienten und Hersteller betrifft, Unterlegungen mit traditioneller Bedeutung und Zitieren der Tradition verschiedene Sachen, aber gemeinsam ist ihnen, daß sie sich in erster Linie nicht auf gegenwärtiges Leben, vielmehr auf den in früheren Gegenwärtigkeiten erarbeiteten Fundus zu beziehen scheinen. Indem ihr Flucht- oder Ausgangspunkt das schon Bekannte ist, kassieren beide Praktiken das eventuell Neue als das von vornherein Nicht-Neue.

So muß es sich allerdings keineswegs verhalten. Ohne sich vor der Übermacht kürzlich oder längst geschriebener Literatur zu verkrümeln und ohne sich auf ein lässiges Rangieren mit ihren Hinterlassenschaften zu beschränken, kann man sie trotzdem weidlich benutzen, ja ausbeuten. Entscheidend ist allein, wo man das Hauptgewicht sieht, im Aufwand des eigenen Erlebens oder im von der Literaturgeschichte bereitgestellten Arsenal: das Wesentliche, schon für die Romantiker ein alter Hut, ist die Beflügelung durch die eigene, modifizierende Empfindung, das individualisierende Feilen mittels persönlicher Betrachtungsweise, -kühle, -glut und -wut, die Anklängen, Variationen, Paraphrasen, Parodien eine neue, private Schwerkraft verleiht und dadurch, durch dieses unverzichtbar Bestimmende und Integrierende, die Verwandlung ins bisher Unbekannte ermöglicht.

Ob man Zitate (also auch zitierte Symbole, Bedeutungen) distanzierend oder bewundernd verwendet: ein kräftiger Atem der Gegenwart, die der Vergangenheit ja immerhin voraus hat, eben das zu sein, muß durch sie hindurchfegen. Im Idealfall geht ein Autor mit dem zitierten älteren Text so um, als handelte es sich um einen Gegenstand, ein Ding der Realität, bloß aus anderem Material als dem gewöhnlichen. Geschieht das, wird es sich sogleich auf den empfänglichen Leser übertragen, das Glück nämlich, für ein lebendiges Gefühl einen Verbündeten in einem anderen Jahrzehnt, einem anderen Jahrhundert, und also um dieses verlängert, entdeckt zu haben. Eine Situation, in der die notwendige Spannung Kunst – Leben nicht durch verwaltendes Hantieren mit Zitaten und Verweisen zusammenbricht, sondern gesteigert wird.

Ein schlagendes Beispiel und – wenn auch in dieser Form nicht mehr zu wiederholendes – Modell für eine Möglichkeit des Dialogisierens mit einem Werk der Literatur findet sich in Henscheids *Mätresse des Bischofs*. Hier wird, durch Einfügung des einzigen Wortes "Kathi", Goethes als "wirklich schönes und liebendes Gedicht, vielleicht das schönste Gedicht deutscher Zungen-vöge--" angekündigtes "Ich denke Dein" dem Roman einverleibt.

Das funktioniert, weil der stark aufgeladene Name für eine sehr heftige, zumindest sehr heikle Emotion des Ich-Erzählers steht, mit der er vorsichtig spielt, wie er es mit dem vollständig zitierten Gedicht tut. Profit auf beiden Seiten. Das Gefühl mogelt sich unauffällig und impertinent ein und stellt sich unter im Gedicht, das Gedicht blüht auf durch ein frisches Gefühl. Das vielleicht Unwiderstehlichste an dem Miniatur-Kunstgriff: er exemplifiziert in nicht zu übertreffender Ökonomie, wie man alte Texte, wenn sie ins Leben zu retten sind, lesen soll, genauso nämlich, wie es hier vorgemacht wird von Landsherr, dem Zitierenden.

Auf der anderen Seite gilt, und zwar wiederum für Texthersteller wie Konsumenten: nur wer über merkliche eigene Lebensregungen verfügt, sollte das Risiko eingehen, sich mit überlieferter und Literatur überhaupt einzulassen. In anderen Fällen bleibt alles Papier und Buchstabe, hochmoderne Professoren- und uralte Gebildetenliteratur. Es muß aber, auch, damit den tradierten Worten und Wörtern, den Mythologien und zähen Symbolen Gerechtigkeit widerfahre, ein Sprung stattfinden von der Kraft und Qualität jener Metamorphose, die dem Jean Paulschen Helden Gotthelf Fibel segensreicherweise nicht erspart bleibt, als er, nach einer langen Existenz für nichts als das schiere Alphabet, eine zweite beginnt, in einer wunderbaren Wendung zum Leben hin, wo er "endlich plötzlich statt des Siebes die ganze große lichte Sonne in seinen Händen hielt, welche ihm blendend ins Gesicht schien".

Oder, um den Melville des *Moby Dick* vom Kolumnenanfang zum Schluß noch einmal zu zitieren (man muß für seinen Schiffszimmermann jetzt nur das Wort "Literatur" einsetzen): in der nachmodernen, souverän-behäbigen Verfügbarkeit von ursprünglich ja dem Leben abgelauschtem und -gerungenem Literaturrepertoire ist, sofern nicht das Leben als unerläßlicher Rivale von Kunst in sie fährt, die geplünderte wie die aus ihr entstehende Literatur nichts weiter als eins jener Sheffielder Fabrikate, "die man multum in parvo nennt: sie denken nicht und sind doch trefflich zu gebrauchen. Von außen sehen sie aus wie ein dickes Taschenmesser, aber sie enthalten nicht nur Klingen von verschiedener Größe, sondern auch Schraubenzieher, Korkenzieher, Zangen... Sollte also der Zimmermann als Schraubenzieher benutzt werden, so brauchte man nur diesen Teil an ihm aufzuklappen, und die Schraube saß – oder als Zange, dann nahm man ihn bei den Beinen und hatte eine."

P.S.: Dringende Empfehlung: Gilbert Sorrentino: *Steelwork* (Maro). Literarisch sehr interessante Porträts u.a. kindlicher und sexueller Kriegslüsternheit im Amerika (Brooklyn) von 1935 bis 51.

Henscheids Poesien

Daß "man das Trauerspiel, so gut es ginge, dem Lustspiel näherbrächte, durch eingestreute Possen, Fratzen und dergleichen", schlägt Jean Pauls Dr. Katzenberger in dessen *Badereise* vor und präzisiert seinen Wunsch: "eine Reinigung der Tragödie durch die Komödie".

Das Werk Eckhard Henscheids ist durchzogen vom Faktum, Motiv, Thema des Todes. Begonnen wurde es mit dem langen Sterben Alfred Leobolds in *Geht in Ordnung – sowieso – – genau – – –*, fortgesetzt in der Sterbeszene Stefanias und den Grabreden der *Mätresse des Bischofs*, wiederaufgenomnen in den Todesgedanken zu Beginn von *Dolce Madonna Bionda*, sowie in den Geschichten *Frau Killermann greift ein* und *Der kleine Elefant*, sporadisch in den *Sudelblättern*, in der *Musikplaudertasche* usw. Es gibt wohl keinen tragischeren Gegenstand in der Literatur und kaum einen, der in ihr mehr Tradition hat. Er hat das auch in der Prosa Eckhard Henscheids, und das sei nur deshalb erwähnt, weil selbst dieser Umstand eine unbekümmerte Teilrezeption des Autors als eines vorzugsweise amüsant zynischen offenbar nicht verhindern konnte, obwohl der Tod in allen hier genannten Werken durchaus als herz- und auch verstandeszerreißender auftritt.

Jene einäugige, oft kumpelhafte Lesart verkennt aber, daß Komik, komische Pointierung, die dem Tod allerdings bei Henscheid immer, wenn auch in unterschiedlicher Portionierung beigegeben ist, daß Umformung nicht komischer Realität in (auch) komische Kunstrealität nicht die Schauerlichkeit des Tatbestandes bagatellisiert, sondern nur seine Tragik zu humanisieren sucht, nicht die Schauer der Betroffenen übergeht, sondern Pomp und Pathos üblicher Vortragsweisen durch Diskretion korrigiert und übrigens so erst recht die Indiskretion des nackten Todesereignisses verdeutlicht.

Und: Wirklichkeit wie Wahrheit genauer trifft.

Oder, das führt die *Kleine Todesprosa*, Hauptstück der Sammlung *Kleine Poesien* (1992), in dreißig Variationen zum Thema vor, es wird umgekehrt durch Zutagefördern verstohlener, aber sofort einleuchtender, wohl noch nie in der Literatur aufgetauchter Reaktionen auf Todesfälle, also mittels überraschender Wahrheitsenthüllung, eine Art melancholisch-ergreifender, sehr fragiler Komik erzeugt. Ein Mann plant z.B. aus Sehnsucht nach seiner verstorbenen Frau, "wofern schon an einen regulären Postverkehr übers Amt nicht oder jedenfalls kaum zu denken war, Karteikärtchen mit allerlei Botschaften und Grüßen ins Grab, in die feucht begossene Graberde zu stecken und aus Gram oder Trotz immer tiefer zu versenken, mit einem speziellen Versenk-

oder Apparatgewicht vielleicht." Oder sie gar auszugraben, um sich "über das vermutlich gräßliche und sehr abstoßende Skelett von seiner Sehnsucht immerhin und einigermaßen zu kurieren" und "in Verbindung mit der teuren Toten auch zu treten."

Es ist die merkwürdige, in ihrer Verdrehtheit bezwingende Logik des Schmerzes, das kindliche Bemühen, sich zu trösten, wo es kaum Trost gibt, das die in der Konfrontation mit dem Tod hilflos verwirrten Helden dieses Anekdoten-Zyklus zu grotesken, ja infantilen Handlungen und Gedankenspielen treibt, in eine Skala von Gemütsverfassungen, die nicht nur plötzlich plausibel, sondern als die einzig angemessenen derer erscheinen, die, verkehrt ausgerüstet, da sie Lebende sind und Personen, einen Zustand begreifen wollen, der ihnen vermutlich in allem entgegengesetzt ist. Eine kleine Ente, die "kraft falscher Prägung" eine Coladose "für ihre Frau Mutter erachtete" und hinter dieser herschwimmt, ist gewissermaßen Inbild jenes sanft waltenden, zuversichtlichen Wahnsinns, mit dem sich die letzte Episode schließlich in die erste zurückschraubt.

Bis auf diesen berichten alle Zyklus-Texte von nie namentlich genannten Menschen, von jedermann also – mit seinem jeweils aber sehr individuellen Schicksal. Zugleich wird mit dem ritualisierten "Ein Mann hatte", "Einem Manne war", "Eine schon recht alte Frau" der stets neue und nie aussterbende Kummer in mildernde Ferne gerückt und unter den mäßigenden Verschluß einer alten Erzählweise gebracht, die eben aber auch dezent dem Leser bedeutet: so war es, so bleibt es mit dem allgemeinen Sonderfall Tod und den Menschen, diesen da und Ihnen! So wie das spezifische Geschick des "Verlassenen Mägdleins" von Mörike gleichermaßen ein monotones, gleichmütig liedhaftes ist. "So kam der Tag heran, so ging er wieder", zitiert die 18. 'Strophe' leicht verändert den Gedichtschluß.

Angespielt wird grundsätzlich auf Hebels *Schatzkästlein des rheinischen Hausfreundes*. Das gilt sowohl für die Tonlage, eine Verbindung von Innigkeit und Sarkasmus, wie für das Material der kompletten Sammlung: inszeniertes 'Vermischtes', dem "ein nettes und lustiges Röcklein" (Hebel) umgehängt, weniger untertreibend: das in Kunstform transponiert wurde unter Verwendung sehr alten und sehr neuen Vokabulars. Wie immer bei diesem Autor wird das volle Spektrum des Sprachschatzes genutzt. Man begegnet nahezu ausgestorbenen Wörtern und eben erst in Gebrauch gekommenen für filigrane Nuancierung und revitalisierende Schocks.

Kleine Poesien: das klingt bescheiden, aber unüberhörbar programmatisch. Zurückgreifend auf die Anfänge des 19. Jahrhunderts und gegen die erschöpfte Konvention der Moderne setzt Henscheid, ausdrücklich und keineswegs nur ironisch, nicht ungeachtet, sondern angesichts der verzwickten Lage, in die uns sich auftuende mikro- und makrokosmische Abgründe und Absurditäten gebracht haben, die kleine, ihre Künstlichkeit vielfältig betonende Form, die bewegende, unterhaltsame, tröstende Gestalt. Man lese vor allem auf S. 119 "Das Schönste, was es gibt"!

Dem Fragmentarischen der Existenz (das ja eventuell schon den Zeitgenossen des 30jährigen Krieges nicht unbekannt war, und das inzwischen jeder Video-Clip formal ausschlachtet) wird nicht mit gleicher Münze zurückgezahlt. Ihm wird das fixsternhaft Andere – sein Sujet, das Leben, jedoch um so genauer observierend – gegenüberpostiert als neue, alte Utopie: Poesie. Das begreife man ohne weiteres als Provokation.

*

Was poetische Verwandlungskraft leistet, demonstriert auch die 1967/84 geschriebene Erzählung *Frau Killermann greift ein*. Das denkbar poesieferne Thema: Lebensmonotonie und vor allem Zerfall des Realitätssinns eines alten Menschen mit dem für die noch vitale Umgebung verbundenen Lästigwerden – ein allgemeines und viel befaseltes und beseufztes Leidwesen also –, bildet zwar in unbeschönigter Brutalität das Baumaterial, ist andererseits aber auch der Stoff, aus dem sich ein Miniaturepos formt über die

Auflösung der Erwachsenenphase zurück in eine wieder kindliche, jenseits konventionell-rationaler Zusammenhänge, besser: in eine schon erdentrückte Unschuld. Aus diesem, seine Interpretation der Symptome nie reflektierend ausschwätzenden Blick des Erzählers erhält die Geschichte ihr Leuchten, ihre poetische Strenge, die den augenscheinlichen Verfall der alten Frau auf einen anders gearteten Zustand hin Satz für Satz erhellt.

Der Inhalt: eine verwitwete Großmutter, die mehrmals am Tag Semmeln kauft und in Mengen hortet, um im Notfall (auch dem, daß der von ihr auf dem Friedhof besuchte Mann aus dem Krieg zurückkäme) daraus Arme Ritter zu machen, wird durch eine von der Verwandtschaft angestellte Frau Killermann von März bis zu ihrem Tod Ende Mai durch nachmittägliche Überwachung daran gehindert.

Aber es ist nicht 'eine', nicht 'die', nicht 'meine' Großmutter, sondern von Anfang an "Großmutter", die sich da nach einigem sanften Verwundern geschlagen gibt und ihre Werktage von 14 bis 18 Uhr in der schmunzelnden Anwesenheit jener Wärterin verbringt. Dem Erzähler gelingt mit dieser Benennungsweise zweierlei: er schließt den Leser, bevor der sich noch sträuben kann, sofort entwaffnend in die familiäre Vetraulichkeit mit ein, als wäre "Großmutter" auch seine, des Lesers liebe Anverwandte, unter dessen Schutz er sie stellt, und gleichzeitig bekennt er seine eigene, ihr seelenverwandte, nachfühlende und rührende Distanz zu den Gepflogenheiten der Vernunftwelt. Wenn es heißt, daß "in Wahrheit alles dafür spricht", daß "Frau Killermann", die stets nur derart offiziell genannte, nicht Nachbarin der Großmutter ist, wie diese vermutet, aber in derselben Straße wohnt, "an deren entferntem Ende", und "unter Umständen nur 1,69 Meter hoch" sei, bietet sich der Erzähler als Mittler zwischen der altersbedingt verwirrten Großmutter und dem weltversierten Leser an, auch, in anderem Sinn, zwischen ihr und jenem geläufigen Pragmatismus, der Frau Killermann , "um die Sache aus der Welt zu schaffen", der Großmutter "beigeordnet" hat und auf dessen Veranlassung hin sie manchmal "mit dem Auto wo hingefahren" wird. Dem Leser ist sein leises, und wie aus Menschenfreundlichkeit vom Autor evoziertes Lächeln nie verboten, der Pragmatismus nie kritisiert, der darf für sich selbst Bände sprechen. Das tut er auch durch den Sachverhalt, daß es außer Frau Killermann und Großmutter keinen einzigen leibhaftigen Menschen im Horizont ihrer Wohnung gibt, allerdings Radiomusik, mal Sibelius, mal Slowfox, mal Jazzmusik, der Großmutter offenbar alles einsgeworden – aber auch dieses winzige und komische Detail wirkt als Indiz für die schematische Versorgung durch eine gleichgültige Umwelt.

Zwei Motti sind der Geschichte vorangestellt. Eins, der Mystik nahe : "Gott ist ein lauter Nichts, ihn rührt kein Nun noch Hier." (Eco, *Der Name der Rose*) und "Dort droben auf der reinen keuschen Erde sind wir zu Hause" (Jean Paul, *Das Kampaner Tal*). Und so sitzen sie einander gegenüber: Frau Killermann, wie Tod und Gott in einem, ein schweigsames, den Lauf der Dinge abwartendes, wiederkäuendes, durch nichts zu erschütterndes Standbild, nickend, wo nötig Einhalt gebietend, und: die Großmutter, ein ablenkbares, von zerfahrenen Sehnsüchten beunruhigtes, mit Semmelkäufen und Armen Rittern beschäftigtes Kind Gottes. Freilich nicht des Gottes der Mystik.

Während sie dem Hier und Jetzt mehr und mehr entgleitet, ist ihr Hoffen sehr wohl auf ein Hier und Jetzt gerichtet. Ihr Ehemann sei "heimgegangen" erfährt man im ersten Satz der Geschichte. Bis auch sie, an deren Schluß, "heimgegangen" ist, wird ihr "die Zeit nach dem Mann lang". "Bierbrauer sei er ihres, Großmutters, Wissen gewesen". Die Eintönigkeit, die grausame Langeweile der Nachmittage, an denen schon das Zurechtzupfen einer Tischdecke durch Großmutter ein Abwechslung schaffendes Ereignis ist, läßt sich, als entzifferte Spiegelschrift mittels eines Spiegels, begreifen als ihr ungeduldig ertragenes Warten auf "Heimgang" und Wiedersehen. Im berückend unmetaphysischen Kopf der bis zum letzten Atemzug konkret denkenden Großmutter – nichts läge ihr ferner als das Nichts Gottes – bedeutet das allerdings eigensinnig weltlich: Heimkehr des verstorbenen Ehemannes aus dem Feld in ihr "schönes Haushalten" zurück.

Und doch nimmt die Metaphysik subtil, in die Menschengestalt von Großmutters Gefühlen und Worten geschmeidig gekleidet, ohne daß sie selbst es registriert, immer stärker Besitz von ihr. Ihre eigene Wohnung hält sie nun sogar für die der Bewacherin, sie selbst sei nur zu Besuch. Das wird ganz selbstverständlich auf der Ebene ihrer liebenswerten und beängstigenden Konfusität mitgeteilt. Die Doppelbödigkeit drängt sich durch keine Zutat, durch kein Raunen auf.

Dreimal aber fällt mit sich steigernder Macht, fast rücksichtslos grell ein fremdes Licht auf Großmutter und in die ruhig ihren Irritationen folgende Berichterstattung. Es formt auf ihrem Haar einen "hellgleißenden Halbmond", später heißt es von ihren Augen, daß sich ihr "güldenes Grün... purpurmondig glühend und schon fast entseelt" in die Augen der nichts bemerkenden Frau Killermann versenkt und, in ihrem Sterben, "zerquält" sich ihr Gesicht zu einem Lächeln "hehr und schimmernd wie die Schöpfung selber". Diese drei Stellen sind die einzigen spektakulären Einbrüche und ordnen ungestüm Großmutter der Jean Paulschen "Erde dort droben" zu. Auch sie kann man, wenn man will, überlesen.

In den beiden kontrastierenden Schlußabsätzen nach ihrem Tod – um Schlieffenplan und ein Bier kreisten ihre letzten Gedanken, man nimmt gerade das als Ausweis ihrer "reinen keuschen" Seele, die keinen Unterschied zwischen heiligen und unheiligen Gegenständen macht, da ihr irdisches Dasein schon in allen Dingen ein unschuldiges geworden ist – werden als letzte Vertraulichkeit für uns, die verständigen Leser, Zahl und Auffundort der noch versteckten Semmeln bekanntgegeben und, eher als protokollarische Verlautbarung, die Namen Adlhoch, Henselein, Heimerl, Frauen, bei denen Frau Killermann vor ihrem eigenen "Einrücken" (Tod) noch aushalf. Das schöne Wort "Heimgang" bleibt für "Großmutter" reserviert!

Die realistische, präzis-trockene Darstellung des Lebensendes eines normal verlassenen Menschen ist bis zum Schluß unangetastet – und jederzeit, mit jedem Wort übersetzt in eine wiegenliedhaft besänftigte Heimkehr auf die "Erde dort droben". Das macht die Kunst dieser großen, 16-seitigen Erzählung aus, die dem teilnehmenden, vielleicht noch immer lächelnden Leser zwei mögliche Betrachtungsweisen in einer, der poetischen, schenkt.

*

Meine Lieblingsstelle im Werk Eckhard Henscheids besteht aus sechs Wörtern, von denen vier identisch sind, also aus drei verschiedenen insgesamt, und man findet sie im zweiten Band der *Trilogie des laufenden Schwachsinns*, 1972 – 78, dessen Titel

(*Geht in Ordnung – sowieso – – genau , – – –*) jene drei Floskeln bilden, die von dem systematisch sich zu Tode trinkenden Ano-Teppichhändler Leobold, der zur täglichen Konversation kaum mehr benötigt, und dem modulierenden Kontext auf der einen, der floskelabgewandten Seite, in reines Silber bzw. der Weisheit letzten Schluß verwandelt werden. Ein Vorgang, den man als – die Banalität transformierende – Sprachhandlung des Romans bezeichnen könnte.

Es geht um einen denkbar knappen Wortwechsel, gefolgt von einem kurzen Echodialog. Alfred Leobold ist beide Male der 'Wortgeber' und sagt in beiden Fällen dasselbe, nämlich das (erst recht in den Dolomiten!) unauffällige, aus seinem Mund plötzlich aufsehenerregende, hervorgestammelte Substantiv "Berg".

Die kleine Szene – es wäre durchaus richtig zu sagen, Leobold, der noch eben den Hinweis auf die ihn und seine mitgereisten Freunde umgebende Bergwelt mit einem "Ach wo, nichts" abgeschmettert hatte, <u>macht</u> eine Szene – steht als lakonisches Zentrum zwischen zwei Zusammenbrüchen des schwerkranken Mannes, die beide zur Folge haben, daß man ihn ins Bett tragen muß.

Vorher und nachher Geplauder und Geplänkel zu Besänftigung dessen, was hier, unversehens und wortkarg und nicht mehr rückgängig zu machen, aufreißt. Der Anfall Leobolds ist samt seiner Aura symmetrisch gebaut. Wie also treibt das Geschehen auf den, im doppelten Sinne, Ausbruch des scheinbar völlig unsinnigerweise mit in die Alpen Geschleppten und bereits Sterbenden zu, auf diese merkwürdige Lücke, den luftleeren Raum, ein paar Zeilen lang, im fast vierhundertseitigen Werk?

Prolog: Leobold hat sein Bett für eine Autofahrt verlassen und unterhält dabei die Mitinsassen mit einem Scherz auf Kosten des Lebenskräftigsten und Lebensdümmsten, des Kaufmanns Arthur Mogger. In einer Pension spendiert Leobold vier Biere und vier Obstschnäpse und verlangt Spielkarten. Mitten im Spiel geht er zum Fenster und versucht "tonlos" Moppel, den Ich-Erzähler, zu sich zu rufen, dabei sieht er "blicklos" nach draußen. Moppel mahnt an, daß doch gerade er (statt der Landschaftsbetrachtung) das Kartenspiel gewollt habe. Leobold gibt ein vorerst letztes "Ja, genau" von sich. "Was ist denn, Alfred!" protestiert – direktes Brüllen – Mogger. Moppel tritt zu Leobold und fragt – indirekte Rede – was denn sei. Noch ein "Naja" Leobolds und ein "Was denn?" des Erzählers und die Szene (der Roman) ist bei ihrem/seinem Höhepunkt angelangt.

Leobold beendet sie mit seinem immer ambivalenteren Ritualwort "genau", von seinem Erlebnis transparent bis zur "Körperlosigkeit" geworden. Epilog: er bestellt vier Obstschnäpse, setzt das Kartenspiel fort, verliert wie zu Anfang, es geht weiter mit der Autofahrt. Dabei treibt Leobold ein neues Scherzchen mit Arthur Mogger. Zurück in Campill folgt der nächste Zusammenbruch.

Der Dialog am Fenster: '"Berg Berg", sagte tonlos Herr Leobold. "Was Berg? Freilich Berg!" fuhr ich ihn grimmig und dümmlich an; ich bereue es heute und meine Grobheit beschämt mich. "Berg", wiederholte Leobold hilfesuchend. Freilich seien hier Berge, schrie Arthur Mogger roh von hinten.'

Das also ist es, dieses: "Berg Berg" "Was Berg? Freilich Berg!" Mir kommt es so vor, als könnte man den gesamten Roman auf die schmalen Pfeiler dieser Rede und Widerrede stellen, und sie würden das Gewicht tragen.

Bis auf diesen einen Augenblick stehen die Dolomiten einzig als groteske Behauptung da. Sie sind zweifellos vorhanden, jedoch der Blick meidet sie hartnäckig und hält sich beharrlich an die Innenräume, die Kneipen. Im entscheidenden Moment aber hat Leobold keine Wahl. Er sieht seinen Berg, und obschon nicht mitgeteilt wird, was ihm in dieser Vision widerfährt und jede noch so bescheidene Vermutung, meine ich, stellte man sie öffentlich an, Voyeurismus von der strafbaren Sorte wäre, wird eines geradezu schreiend offensichtlich: zwischen den Worten Leobolds und Moppels verläuft die Grenze zwischen Tod und Leben. Die pathetischste

Tatsache der Welt ist auf drei harmlose Wörter verdichtet. Leobold begibt sich mit seinem zweimaligen, nackten und ihn entblößenden "Berg" in die nun nicht mehr aufhebbare Einsamkeit des Sterbens, obwohl alle Spuren schnell verwischt werden. Der Erzähler mit den Zufügungen "Was", "Freilich" vor seinen Bergwiederholungen bleibt am anderen Ufer. Er erscheint schlagartig als unendlich dümmer als Leobold, souverän gedeckt durch eine in ihm wirkende, kollektive Lebensschläue. Es ist die grundsätzliche Abfuhr, die das Leben dem Tod erteilt. Ein Graben, das Leben reißt die Verbindung ab und rettet sich, indem es die Zugbrücken hochzieht. Alles Verhätscheln und zärtliche Mitgefühl für den Kranken kaschiert nicht diesen wesentlichen Achsenverlauf.

Gegen die über Leobold hereinbrechende Epiphanie des transzendentalen Bergs behauptet sich ohne Einsicht die pure Materie Berg.* Leben und Tod ar-

---

*) Oder auch: die touristische Konvention Berg. Isolierte man den Dialog vom Zusammenhang, könnte er das Wappenzeichen für eine ganz andere, aber dieser nicht unverwandten Situation werden: der des Künstlers, der schlagartig überwältigt und stotternd vor einer Erscheinung der Welt steht, als sähe er sie zum ersten Mal (Jedes Ding taugt dafür, Lord Chandos!), während sie für seine Umwelt unter der Staubschicht des Gewohnten bleibt. Ein Spezialfall. Weniger extrem kennt den Vorgang wohl fast jeder, zumindest aus seiner Kindheit, diesen Augenblick, der dem davon Betroffenen "das Erz der reinen Wahrheit" ist (Henscheid in seiner *Roßmann*-Geschichte), und zwar ihm allein.

gumentieren mit demselben Wort. Die zwei Seiten einer Medaille. Das ist sehr schön durch Abstufung vollendet im Schattendialog Leobold-Mogger: ein zaghaftes, schon verebbendes einmaliges "Berg" von Leobold noch und ein bereits radikal qualitätsblinder Plural "Berge" des Lebenswütigen. Das staccato der Ekstase, von Moppel wohl halb unbewußt nachgeahmt oder -geäfft, wird von Mogger niedergewalzt in den normalen Rederhythmus (zudem der indirekten Rede).

Dem Erzähler allerdings geht das "Berg Berg" nicht so schnell aus dem Kopf. Man wolle jetzt Karten spielen und nicht "Berg Berg anschauen" (Bei ihm funktioniert selbst die Erinnerung im staccato!), scherzt er bald darauf bei anderer Gelegenheit, wobei es Henscheid gelingt, Leobolds Entmachtung bis zur Kindlichkeit (bis hin zur Kindersprache) in jenen Sekunden zu verdeutlichen. Wieder ein Weilchen später dröhnt Moppel das "Berg Berg", mit trivialsten Satzfetzen vermischt, durchs Gehirn.

Ihm dämmert möglicherweise bald, was es damit auf sich hatte, aber es macht an der Nahtstelle keinen Unterschied. Vielleicht verstärkt die Ahnung notgedrungen seine Alarmbereitschaft. Beschämt muß er sich im Verlauf weiterer Ereignisse gestehen, daß ihm Leobold zu langsam stirbt: Ungeduld und ästhetischer Anspruch der Lebenden.

Es gibt einen die Szene teilweise wörtlich rekapitulierenden Augenblick etwa hundert Seiten später in einem Wirtsgarten, einen unspektakulären Abglanz: "Da schau, der alte Mann", sagt plötzlich Alfred Leobold zu Moppel und wiederholt es "scheinbar entrückt". Was damit sei – indirekte Rede – fragt dieser, nun nicht "Zorn mimend" wie damals, sondern "heiter, aber schwermütig". Leobold: "Naja, der alte Mann...unglaublich". Es ist nur die Erinnerung an einen größeren Augenblick. Die Schlacht zwischen Leben und Tod ist prinzipiell entschieden. Keine Konfrontationen mehr. Am Schluß aber, bei der Rekonstruktion der letzten Handlungen Leobolds, bevor er aus dem Leben scheidet, erwähnt, nochmalige Erinnerung – Abglanz des Abglanzes – der Erzähler, die Beweiskette schließend, daß der Todesort jener Wald bei Zahnt gewesen sei, wo der nun Verstorbene die Widerhallworte gesagt hatte: "Schau, der alte Mann".

Das alles bleibt im Roman wunderbar unkommentiert wie die Ur-, die Bergszene. Psychologisch kann man an ihr die fast übermenschliche Diskretion Leobolds bestaunen, unter handwerklichen Gesichtspunkten die undemonstrative Maßarbeit komprimierender Architektur, künstlerisch aber das wie beiläufig erfolgte, restlose Umschmelzen und Prägen von etwas ebenso Unausweichlichem wie in alle Richtungen Entgleitenden zum unverrückbaren, zur exemplarischen Formel gestanzten, bewegenden Bild.

*

Leobold wäre gewiß mein Favorit in Henscheids Œuvre, gäbe es nicht noch zwei, drei Konkurrenten, vor allem, gäbe es nicht die Iberer-Brüder aus *Die Mätresse des Bischofs*, obschon sie viel weniger liebenswert sind als Hermann aus *Maria Schnee* oder Henscheids Roßmann nach Kafkas Amerikaroman und, zumindest stellenweise, viel abstrakter trotz ihrer dicken Körperlichkeit, nämlich ein Wahn.

Die ältlichen "taubenmistgrauen" Iberer-Buben Fink und Kodak: exemplarische Formel nicht in Gestalt einer einzelnen Szene, vielmehr einer ganzen Romandoppelfigur, in diesem Fall für den Versuch, sich mittels einer angeschafften fixen Idee vor dem "Zerbrechen und Zerstieben von sich'ren, guten, festbewährten Wertaxiomen" zu retten. Die kompakte Einheit des glanzlosen Heldenzweiergespanns ist magische Arznei gegen eine "Indifferenz, eine Indolenz, eine Intransigenz, eine Insuffizienz, eine Intoxikation", so die neckische Klage des Erzähler-Ichs über sein Leiden, mit dem er sich überall sehen lassen kann. Keineswegs aber kann er das mit seinem Gegenzauber, einem schon länger übelbeleumundeten, als er sich verzweifelt ironisch entschließt, von seiner Iberer-Beute alles zu erhoffen, nämlich das, was an den Fronten von Philosophie, Kultur, kosmologischer Ordnung, Politik, Religion und in seinem Privatleben ein für allemal perdu gegangen zu sein scheint: Sinn!

Die Iberer bedeuten zunächst nichts. Als ehemalige Fußballer, Meßdiener, Pfadfinder und immer noch vermutlich jungfräuliche, runde, fleißige, unangefochten frohgemute Gesellen (eben all das, was die erwachsene, gültige Welt schon lange nicht mehr ist) eignen sie sich jedoch vorzüglich zur verschrobenen Herberge verschollenen individuellen und gesellschaftlichen Kindheitsglücks. Landsherr, der Erzähler, setzt sie aus Selbsterhaltungsgründen und als erzählerische Strategie – sie sind nicht nur des Autors, sondern auch Landsherrs Romanhelden – gegen die "hieroglyphische Gestaltlosigkeit" des Lebens, der er in der zweiten Hälfte des Buches spöttisch durch Anlegen eines Tagebuchs formal Genüge tut. Die Iberer: Legende und fleischgewordene Ersatzgottheit, aus dem Nichts geschaffen, die das fragmentarisierte, zerstäubte Bewußtsein für eine Weile fesselt, d.h. mit einer richtunggebenden Leidenschaft versieht! Kein Wunder, daß der Erzähler mit seinem Roman, als er die Iberer aus den Augen verliert, im Feuerwerk der durcheinandergeratenden, sich verknäuelnden Motive und der aus den Schienen springenden Symbole untergehen muß.

Fixe Idee und Hauptperson, ein Schwanken zwischen Konkretisierung und Abstraktion, zwischen Präsenz und Entzug. Ich kenne nur zwei Romangestalten, die diese Eigenschaften so nachdrücklich mit den Iberer-Brüdern teilen. Es sind Melvilles Moby Dick und Nabokovs Lolita*. Auch diese beiden Lustobjekte werden, Konsequenz ihrer Konzeption, von den jeweiligen Partnerhelden Ahab und Humbert Humbert sehnsüchtig belauert bzw. in Haß oder Liebe gejagt, wobei mir für alle drei der zweifellos sehr unterschiedlichen Romane zu gelten scheint, daß es in keinem in erster Linie darum geht, was das Idol, das Rauschmittel, die phänomenale Gestalt exakt symbolisiert, sondern daß die in ihr untergebrachten, unwiderstehlichen, gründlich reflektierten Ingredienzien zu einer mit homogener Oberfläche versehenen Figur gebündelt wurden, zu einer komplexen Verkörperung.

Das bindet ihre Jäger an sie.

Genauer gesagt: was die drei Romanlockvögel Moby Dick, Lolita, Iberer so attraktiv macht, ist nicht, daß man sie interpretieren kann. Ihren teilweise schrecklichen Einfluß erhalten sie dadurch, daß sie

---

*) Bereits in *Geht in Ordnung...* behauptete der Erzähler, Leobold sei seine Lolita und begründet es, im Spaß Nabokovs Schelmerei aufgreifend, damit, daß es sich um pädagogisch aufklärerische Absichten handele. Wie bei Lolita so bei Leobold! Unter der hier beschriebenen Perspektive trifft der Vergleich aber auch im Ernst auf Leobold zu, viel radikaler, romanbestimmender jedoch auf die Iberer.

trotz der widersprüchlichen, mit Biografie und Charakter des Verfolgers zusammenhängenden Bestandteile jenseits aller möglichen und auch stattfindenden Analyse eine organische und also letztlich unenträtselbare Legende bilden, wozu sie die Phantasie ihrer Opfer zumindest macht.

Die Iberer allerdings sind von Natur aus weder verführerisch noch dämonisch. Aber genau das will sich der Erzähler permanent einreden, in komischem Kontrast zur biederen Erscheinung seiner beiden Lieblinge. "...doch ein Besessener bezieht auch die geringsten Geschehnisse auf das eine, das ihn ganz erfüllt", heißt es bei Melville. Ein Besessener, dem die Ordnungskraft einer Begierde in den Schoß fällt, kann Landsherr von vornherein nicht sein, jedoch in zähen Anläufen der Konstrukteur eines legendären und als das eben sehr wohl verführerischen und dämonischen Objektes, das von sich aus kaum Anlagen zu Glanz und Glorie mitbringt. Um so gegenwärtiger bleibt die, man möchte fast sagen: existentielle Künstlichkeit von Landsherrs Vorhaben.

Idolisierung des 'Banalen' statt einer die Formlosigkeit des 'banalen', zerstreuten, vorbeihuschenden Lebens abkupfernden Authentizität: offen wird die Anstrengung Landsherrs vor den Augen des Lesers zur Schau gestellt. Obendrein warnt die auftrumpfende Zweierformation der Iberer. Von vornherein wirkt sie, anders als Nymphe und Weißer Wal, wie ein übertreibender Verzweiflungsakt, wenn schon an repräsentative literarische Individuen und Topoi ohne Verrenkungen nicht mehr geglaubt werden kann. Zudem birgt sie in sich die ständige Möglichkeit des Zerfalls! Diese Offensichtlichkeit macht den Iberer-Mythos aus: die zwar höchst wacklige, aber immer neu beschworene, in ihrer Kontur intakte Dominanzgestalt als poetische Utopie, und das heißt allerwenigstens, daß es im Bereich der Kunst auf augenfällige Weise Zusammenhalt und Zusammenspiel geben möge, was im Leben selten vorkommt, aber benötigt wird.

Eben Sinn und Ziel. Wie sehr das identisch ist mit Poesie, auch im landläufigen Sprachgebrauch, zeigt sich, freilich als nur ein Aspekt unter vielen, im nachfolgenden Roman *Dolce Madonna Bionda* (1983), in dem Bernd Hammer, Feuilletonist und Musikologe in mittleren Jahren, einer als Idol, als problematische "Madonna" sehr eingängigen Erinnerung namens Annemarie Mosch hinterherrennt, was a priori viel plausibler ist als es die Nachstellungen Landherrs sind.

Das bis zur Neige ausgekostete Erwarten der ehemaligen Geliebten, die nie erscheint, beschert ihm ein schönes, "italienisches" Gefühlsintermezzo mit melodramatischen Akzenten, mit Höhen und Tiefen, die er ausführlich zu schätzen weiß. Bernd Hammer, den nichts recht zog oder trieb, konnte für einen Sommer lang in Bergamo nichts rundherum Befriedigenderes passieren: eine Halluzination als Brennpunkt und Stimulanz und Sinnzentrale für ein paar Lebensmonate!

*

Die fixe Idee als handlungerschaffende Energie aus dem Nichts heraus, als Spinnen eines Geschichtenfadens aus dem zunächst müßigen Gehirn und Gemüt zwecks Zeitvertreib, sprich: angenehme oder auch erregende Fühlbarmachung der vergehenden Zeit, führt Henscheid in der Erzählung *Große Wut* vor. Was sich dort abspielt, läßt sich etwas grob so beschreiben: Oskar in Erwartung seines Freundes Gustav, der ihm psychologisch-rhetorisch offenbar weit überlegen ist, verkürzt sich die Wartezeit, um die aufrichtige "Vorfreude etwas zu mäßigen und zu beruhigen", bzw. um die Langeweile bis zum Eintreffen des von ihm bewunderten Freundes besser zu ertragen, indem er sich geschickt quasi mit dem Elan eines schöpferischen Aktes und zunächst durchaus "gemimt" in Gefühlswallungen bis zum Haß gegen den Freund hochschaukelt. Fintenreich gegen sich selbst wie eine Katze, die sich zu Amüsement und Training einen Gegner einfach einbildet, schafft er sich Zerstreuung. Er stülpt auf seinem – damit auch die Motorik zu ihrem Recht kommt – Spaziergang ein hochdifferenziertes Gefühlsdrama aus sich heraus, das schließlich, als Freund Gustav endlich nahe ist, wieder sanft abklingt und in Luft zergeht, nämlich in der reinen Vorfreude des Anfangs.

Große Wut wurde 1989 in dem Band *Die drei Müllersöhne* zusammen mit einer Zwillingsgeschichte, mit Vorsicht gesagt: Fortsetzungsgeschichte, *Die Postkarte,* veröffentlicht. Die beiden Protagonisten, Oskar dort, Herbert hier, verbindet nicht nur das ihrer beider Weg kreuzende, wahrzeichenhaft rötlich-blonde Kätzchen, das auch der sterbenden Großmutter aus *Frau Killermann...* in den Sinn kam, nicht nur, daß sie beide französische Arbeiterzigaretten rauchen und daß es sich in beiden Fällen um eine Art Liebesgeschichte handelt. Entscheidend ist wohl, daß Herbert, wie Oskar, ein Mittel (mit ausschließlicher Eigenbeteiligung) für eine "Imaginationserregung" gefunden hat, die seine "windstill schläfrige Witwerschaft" erleuchtet. (Nebenbei: auch hier erscheint das Motiv einer "postmortalen Korrespondenz" aus der *Kleinen Todesprosa*.)

Eine Postkarte, entdeckt auf der Suche nach einer Versicherungspolice, legt für Herbert den Ehebruch seiner verstorbenen Frau Gudrun in funkelnden Facetten nahe, ein unterstellter Seitensprung, der vermutlich nie stattgefunden hat, aber für Herbert die offenbar allzu brave Gudrun plötzlich in ein bengalisches Wiener Hotelzimmerlicht taucht und ihm ein bisher unvorstellbar glückliches Eheleben per Masturbation ermöglicht, plus Erkenntnis und Läuterung: "reine Leidenschaft, reine Geilheit, reine Liebe". Nichts anderes als Selbstbefriedigung trieb ja auch der in klugen Dosierungen wutentbrannte Oskar! Entwurf und Auffächern einer aus Wirklichkeitspartikeln gespeisten Geschichte, Gestalt, Form, Melodie zu Unterhaltung, Trost und gegebenenfalls Katharsis: was wäre Poesie anderes?

"Damit ist es uns gelungen, aus dem 'Nichts', aus reiner Energie, Materie herzustellen". Das Zitat aus Harald Fritzsch, *Vom Urknall zum Zerfall*, ist der Geschichte vorangestellt. "Durch sein vorübergehendes Erscheinen machte Demuth auf sich aufmerksam" variiert Henscheid in den *Sudelblättern* einen Satz aus der *Mätresse*.

"Ein Etwas, form- und farbenlos/Das nur Gestalt gewinnt/Wo ihr drin auf und nieder steigt/Bis wieder ihr zerrinnt" heißt es in Gottfried Kellers Gedicht "Die Zeit geht nicht". Ob Nichts, reine Energie, formloses Etwas: spannend, erregend, trostreich wird es für uns – selbst ja solche aus der Formlosigkeit auftauchende und in ihr vergehende Gestalten – in der Anschauung der konturierten Konkretion, ob es, im engen und weiten Sinn, um Kunstproduktionen oder solche der Natur geht.

Dem Hermann aus *Maria Schnee* (1988), auch er Freund eines rötlich-blonden Kätzchens, ist es vergönnt, naiv, in ungetrübter vorliterarischer Unschuld, trotz seiner Jahre, den Hervorbringungen der Natur zu begegnen, wozu ja auch Leute mit nicht allzu großer Bildung sehr selten in der Lage sind. Durch allerlei literarische Kunstgriffe wird in dieser "Idylle" zwischen dem in der Romantik bewanderten Leser und dem Landschaften durchwandernden Hermann eine beträchtliche Distanz hergestellt. Hermann selbst kümmert sich nicht um Zitate und Anklänge, ohne die natürlich aber die geheime Dialektik der Novelle nicht denkbar wäre. Er hört, sieht, riecht, fühlt unvermittelt. Wohin er sich auch wendet, die Natur tritt ihm entschlossen und fest als Gestalt entgegen, als Fliege, Fluß, Ente, auch eine kleine Kirche wird unter seinem Blick zum Naturwesen, als Gaststättenwirt, Grattler, Kind. Sie tut es mit solcher Macht, daß die keusche, genügsame Naivität Hermanns alles Anspielungsreiche im Sinne eines bloß wehmutvoll Historischen überwindet. Durch den ahnungslosen Hermann erhält es eine rührende, strahlende Gegenwärtigkeit. Er, der Kätzchen und Wirt Hubmeier, die ihn stärkenden Bilder, am Ende verlassen muß, bleibt dem Leser als Trostgestalt geschenkt.

Eine Gemeinsamkeit der Novelle *Maria Schnee* mit den Erzählungen *Frau Killermann*, *Große Wut* und *Die Postkarte* sind die auffälligen Minimalbewegungen, ein millimeterweises Vorrücken in der Stück um

Stück bestaunten, als Hauptereignis jeweils gewürdigten Gasthaus-, Küchen-, Gefühlswelt.

Das weist hin auf verwandtschaftliche Beziehungen der Hauptfiguren untereinander. Sie alle sind, in unterschiedlichen Graden, kindliche, vom Konkreten, von erhofften oder erinnerten Bildern, nicht von Begriffen gebannte Charaktere.

Kinder und Leute mit einer fixen Idee verbindet ihr Beharren auf einer subjektiven, naturwissenschaftlichen 'Objektivität' nicht unterworfenen, auch: 'stilisierten' Weltsicht, was sie einerseits schutzlos, andererseits unangreifbar macht, da sie nicht, wie allgemein üblich, vor einer überfordernden Komplexität resigniert haben, sondern sie erst gar nicht akzeptieren. Die rein kindlichen Figuren Henscheids (Großmutter, Roßmann, Hermann), sind sich dessen nicht bewußt, die Helden, die sich eine fixe Idee zugelegt haben, aber sehr wohl (teilweise Moppel aus dem 2. Trilogieband, Landsherr, Hammer, Oskar, Herbert), und selbstverständlich weiß es der Ich-Erzähler der *Vollidioten*, der die komplizierte Großstadt Frankfurt detailliert, hochrealistisch, hochironisch in ein verlockend poetisches Gemeinwesen verwandelt.

In dem schon eingangs erwähnten Kurztext *Das Schönste, was es gibt*, einem zarten Gebilde in rauher Umgebung, stellt Henscheid (nachdem im Vortext als "das Komischste, was es gibt", genannt wurde:

"Daß nämlich mit 10^{81} alles aus ist", also die weltverschluckende Formel im blasierten Alleinvertretungsanspruch nicht mehr vorstellbarer Realität) unter anderem einen Gewitterhimmel über der Eisackschlucht, ein rötlich-blondes Kätzchen, Hebels "Unverhofftes Wiedersehen", "Mann und Frau beim Betrachten des silberzarten Mondes getrost vereint" nebeneinander. Natur in wortloser, formvollendeter Erscheinung als Grund- und Exklusivfall von Welt, und ihr Paroli bietende, wenn auch keineswegs allein mit ihr, der Natur, beschäftigte Kunstgestalt, so mannigfaltig, virtuos, entschieden, wie Kunst es kann, Satire inbegriffen.

Wie das Komische dem ernsten Gegenstand, so ist das Satirische vor allem Henscheids diskursiven Texten in wechselnden Dosierungen beigegeben, nicht nur als Schärfe gegenüber dem beäugten Objekt, sondern ebenso als Skepsis gegenüber der scheinbaren apriorischen Objektivität von Abhandlungen, der angemalten Würde theoretischer Äußerung überhaupt. Das Mitgeteilte wird dann von vornherein in die Gestalt zuspitzender Übertreibung gekleidet. Je 'unästhetischer', chaotischer das Sujet, desto exzessiver die Artistik, die es strafft und erträglich macht, bis der Autor, was häufig geschieht, plötzlich kalkuliert die Geduld verliert, seine Beute abstürzen läßt und sich selbst noch ein Weilchen in den aggressiven Aufwinden seiner eigenen sprachlichen Brillanz wiegt. Auch das ist eine Form-Maßnahme in mindestens zwei Richtungen: noch einmal gesteigerte Verspottung des aus den Augen verlorenen Gegenstands, der es wohl nicht besser verdient, und Relativierung des Richters, der statt zu richten Sprachmusik produziert.*

Und besonders hier, weil so unerwartet, erweist sich das schwer erklärbar Trostreiche, Menschenfreundliche der Henscheidschen Prosa, das damit zu tun haben muß, daß seine Sprache, seine poetische Formanstrengung nicht, nie in die Knie geht, nicht vor Tod und nicht vor Teufel, vor keiner Banalität, keiner Höhe, keiner Tiefe, nicht einmal vor Restriktionsfragmentlängenpolymorphismus" (*Kleine Poesien*).

---

* Zur Vertiefung dieses Aspekts empfehlenswert: Manfred Dierks, "Henscheid im Ohr. Die Neigung der Satire zum Lautgedicht", in: Text und Kritik Nr.107, 1990.

© Verlag Droschl Graz – Wien

Erstausgabe 1993

Layout und Satz: MD Design
Herstellung: Grazer Druckerei

ISBN 3-85420-334-9

Verlag Droschl A-8010 Graz Bischofplatz 1

Essay 1
William H. Gass
Mit sich selber reden
Für sich selber lesen

Essay 2
Klaus Hoffer
Pusztavolk

Essay 3
Dieter Wellershoff
Double, Alter ego und
Schatten-Ich

Essay 4
Lucas Cejpek
Jelinek in Lust

Essay 5
Wolfgang Siegmund
Julian Schutting
Väter

Essay 6
Patrick Deville
Über wissenschaftliche
und poetische Schreibweisen

Essay 7
Michel Butor
Die Stadt als Text

Essay 9
Bodo Hell / Ernst Jandl
die wirklichen Möglichkeiten

Essay 10
Yoko Tawada
Das Fremde aus der Dose

Essay 11
Elmar Schenkel
Sportliche Faulheit

Essa 12
Christoph Bode
Den Text?
Die Haut retten!

Essay 13
Reinhard P. Gruber
Ludwig Harig
Das Negerhafte in der Literatur

Essay 14
Dieter Wellershoff
Im Lande des Alligators

Essay 15
Werner Schwab
Der Dreck und das Gute
Das Gute und der Dreck